Inhalt

BASF und Bayer - Chemiegefährten auf getrennten strategischen Wegen

Kernthesen

Beitrag

Fallbeispiele

Zahlen und Fakten

Weiterführende Literatur

Impressum

BASF und Bayer - Chemiegefährten auf getrennten strategischen Wegen

Autor GENIOS BranchenWissen: A.Schneider

Kernthesen

- Sowohl BASF als auch Bayer waren einst als Nachfolger des IG-Farben-Konzerns vor allem im Chemiegeschäft tätig. In den vergangenen Jahren schlugen sie jedoch unterschiedliche strategische Marschrichtungen ein.
- BASF, das Aushängeschild der deutschen Chemiebranche, setzt zunehmend auf das technisch anspruchsvolle, kundenorientierte Spezialitätengeschäft. Seit 1. Januar 2008 gibt es eine neue Organisationsstruktur.

- Bayer, vor einigen Jahren bei der Krise um den Cholesterinsenker Lipobay noch stark in Verruf geraten, entwickelt hingegen sein Gesundheits- und Pharmageschäft zur Hauptsäule des Konzerns. Insbesondere die Übernahme des Berliner Pharmaunternehmens Schering trägt dazu bei.

Beitrag

Jahrelang waren BASF und Bayer als Nachfolger des IG-Farben-Konzerns als Wettbewerber im Chemiegeschäft unterwegs. Doch in den vergangenen Jahren führten die strategischen Wege auseinander: Während BASF weiterhin auf die Chemie setzt, marschiert Bayer konsequent in Richtung Pharma.

Die IG Farben, 1926 gegründet, war einst das größte Chemieunternehmen der Welt. Im Juni 1952 wurde es zerschlagen. Als Farbennachfolger galten Agfa, BASF, Cassella Farbwerke, Hüls, Bayer AG, Hoechst AG, Duisburger Kupferhütte AG, Kalle, Wacker-Chemie München, Dynamit AG Troisdorf, und die Wasag Chemie AB.

Heute ist BASF der nach Umsatz und Marktkapitalisierung weltweit größte Chemiekonzern. Er war und ist das Aushängeschild der deutschen Großchemie, die in den vergangenen Jahren viel von ihrem einstigen Glanz verloren hat. Degussa und Höchst gibt es nicht mehr oder nur in zerstückelter Form. Bayer hat einen anderen Weg eingeschlagen, sich weitgehend von der Chemie entfernt und setzt ganz auf sein Pharmageschäft. Direkte Wettbewerber sind sie nur noch in der Agrochemie und im Kunststoffgeschäft.

Erfolgreich sind sie beide. Zwar hat BASF im Hinblick auf die Ertragszahlen der vergangenen fünf Jahre die Nase vorn, doch mittelfristig schätzen Investoren das Gesundheits- und Pharmageschäft von Bayer optimistischer ein als das Chemiegeschäft von BASF. Dieses ist stark abhängig von Weltkonjunktur, Ölpreis und der Kapazitätssituation in der Chemiebranche. (1)

BASF Unangefochten an der Weltspitze des globalen Chemiegeschäfts

Strategische Ausrichtung auf die Spezialitätenchemie

Der Ludwigshafener Konzern bietet ein breites Sortiment an chemischen Grund-, Zwischen- und Spezialprodukten. Allerdings spielt die Basischemie, also das Massengeschäft mit chemischen Basisprodukten wie beispielsweise Ethylen, nur noch eine kleine Rolle. Zu stark und günstig sind hier die Anbieter aus Fernost. BASF hat sich in den letzten Jahren vielmehr in Richtung Chemie-Spezialitätengeschäft verlagert, das deutlich größere Anforderungen an die technische Kompetenz und die Kundenbeziehungen stellt.

Neue Organisationsstruktur zum 1. Januar

Zum 1. Januar 2008 stellte sich BASF SE, Ludwigshafen am Rhein, neu auf. Man wolle zum einen näher am Kunden sein und zum anderen das Geschäft für Investoren besser bewertbar machen, indem man in den Segmenten gleichartige Geschäfte zusammenfasse. Statt fünf Geschäftsbereiche gibt es nunmehr sechs: Chemicals/Chemikalien, Plastics/Kunststoffe, Performance

Products/Veredelungsprodukte, Agricultural Solutions/Pflanzenschutz (jetzt eigenständig), Oil & Gas/Öl & Gas und den neu eingerichteten Bereich Functional Solutions.
In diesem neuen Segment werden die Bereiche Katalysatoren, Bauchemie und Lacke zusammengefasst. Sie liefern vor allem Produkte für die Automobil- und Bauindustrie.
Die Sparte Feinchemie (z.B. Produkte für die Pharmaindustrie, Human- und Tierernährung, Aromachemikalien) gibt es nicht mehr, sie wird mit dem Wasch- und Reinigungsmittelgeschäft im Unternehmensbereich Veredelungsprodukte zusammengefasst. (2)

Von einem Großteil seines Geschäfts mit Styrol-Kunststoffen will sich BASF trennen. Styrol-Kunststoffe werden unter anderem in Haushalts- und Küchengeräten verwendet. Rund 1 000 Mitarbeiter arbeiten im betroffenen Unternehmensbereich. Sie erzielen einen Umsatz von 3,2 Milliarden Euro im Jahr; dies entspricht etwa 25 Prozent des gesamten Kunststoffumsatzes. Im Konzern verbleiben sollen die Schaumstoffe und die Spezialitäten für die Bau-, Automobil- und Verpackungsindustrie. Verhandelt wird mit dem Polyolefin-Hersteller Basell.

Geschäftsentwicklung 2007,

Aussichten 2008

BASF steigerte seinen **Umsatz** im vergangenen Jahr um ein Zehntel auf knapp 58 Milliarden Euro. Die Hälfte des Zuwachses verdankt der Konzern dabei den Übernahmen von Engelhard und Degussa Bauchemie. 2006 hatte BASF für rund 3,8 Milliarden Euro den US-Katalysatorenspezialisten Engelhard und für 2,7 Milliarden Euro die Bauchemie-Sparte von Degussa erworben. Dazu kam der US-Harzspezialist Johnson Polymer für 470 Millionen Dollar. Die Absatzmengen legten um 5 Prozent zu. Der **Nettogewinn** wuchs um 25 Prozent auf rund 4,1 Milliarden Euro, der **Betriebsgewinn** um 8 Prozent auf 7,3 Milliarden Euro. Vor allem das Chemie- und das Agrogeschäft konnte seine Gewinne steigern, die Öl- und Gassparte dagegen musste Federn lassen (minus 7 Prozent).Für das laufende Jahr stellte der Konzernchef ein weiteres Umsatzwachstum und eine leichte Steigerung des operativen Gewinns im Vergleich zum hohen Vorjahresniveau in Aussicht. Insbesondere die zugekauften Sparten Bauchemie und Katalysatoren sowie der Pflanzenschutz und Teile des Kunststoffgeschäfts sollen 2008 steigende Erträge bringen. Die Öl- und Gassparte hingegen wird stagnieren und erst ab 2009 in Schwung kommen, wenn die Beteiligung am russischen Erdgasfeld Juschno Russkoje seine Produktion begonnen hat. (3)

BASF geht für 2008 von einem weltweiten Wachstum der Chemieproduktion um 2,8 Prozent aus. Der amerikanische Chemiemarkt werde aufgrund der Schwächen in der Automobil- und Bauindustrie voraussichtlich stagnieren. Dafür werden deutliche Wachstumsraten für das Asiengeschäft erwartet. Dort sollen 50 Prozent des künftigen Wachstums der Chemie erzielt werden. BASF baut dementsprechend seine Belegschaft dort aus und will bis 2020 rund 20 000 zusätzliche Mitarbeiter in Asien einstellen. Derzeit sind 12 800 der insgesamt 95 200 BASF-Mitarbeiter in Asien tätig. (4)

Bei BASF sind weltweit 95 200 **Mitarbeiter** beschäftigt. An ihrer Spitze steht seit 2003 der **Vorstandsvorsitzende** Dr. Jürgen Hambrecht, sein Vertrag läuft bis 2011. Er lenkt den Konzern sehr erfolgreich, wenngleich sein Führungsstil als autoritär gilt. Innovationen sieht Hambrecht als Schlüssel für den Erfolg des Chemiegeschäfts in der Zukunft. Seit 2004 wurden die Forschungsausgaben um 40 Prozent erhöht. Mit der aktuellen Initiative Marktplatz der Innovationen soll die Belegschaft angeregt werden, neue Ideen einzubringen und ihnen künftig mehr Entwicklungschancen zu geben. (5), (6)

Bayer Auf Wachstumskurs im Pharmageschäft

Strategische Ausrichtung auf das Pharmageschäft

Bayer, Leverkusen, setzt strategisch auf das Geschäft mit der Gesundheit. Der Konzern gliederte 2005 einen Großteil seines Chemiegeschäfts per Spin-off aus (daraus wurde die heutige Lanxess), übernahm ebenfalls 2005 die OTC-Sparte (rezeptfreie Medikamente) der Schweizer Roche und 2006 das Berliner Pharmaunternehmen Schering. Das Pharmageschäft hat sich inzwischen zum wichtigsten Geschäftsbereich des Konzerns entwickelt.

Organisation fußt weiterhin auf drei Konzernsäulen

Der **Vorstandsvorsitzende** Werner Wenning (seit 2001) richtete in den Jahren 2003 bis 2005 den nach der Lipobay-Krise wirtschaftlich angeschlagenen Konzern neu aus. Das operative Geschäft von Bayer basiert seither auf drei Konzernsäulen: Health Care/Gesundheit, Crop Science/Pflanzenschutz und

Material Science/Kunststoffsparte. Das Pharmageschäft macht gut zehn Milliarden Euro aus. Für die Gesundheit und das Geschäft mit Pflanzenschutzmitteln und Saatgut sind die Zukunftsaussichten sehr gut, für sein Kunststoffbusiness hingegen zeigt sich Bayer deutlich pessimistischer.

Geschäftsentwicklung 2007, Aussichten 2008

Bayer AG, Leverkusen, verbuchte 2007 ein erfolgreiches Geschäftsjahr. Der **Umsatz** wuchs um 12 Prozent auf 32,4 Milliarden Euro. Vor allem die Sparte Health Care entwickelte sich sehr gut (15 Milliarden Euro Umsatz, plus 26 Prozent) und profitierte somit von der Schering-Übernahme. Auch das Pflanzenschutzgeschäft und die Kunststoffsparte konnten zulegen, beide um jeweils rund 6 Prozent auf 5,8 bzw. 10,4 Milliarden Euro Umsatz. Bereinigt um die zahlreichen Sondereffekte, legte der **Betriebsgewinn** laut Bayer um 23 Prozent auf 4,3 Milliarden Euro und der **Nettogewinn** um gut ein Drittel auf 3,1 Milliarden Euro zu. (7), (8)

Im laufenden Jahr will der Konzern mit seinen über 100 000 **Mitarbeitern** weiter wachsen. Er stellt ein leichtes Umsatzwachstum von währungsbereinigt um rund 5 Prozent in Aussicht. Vor allem für das Pharmageschäft gelten die Aussichten als gut. Es stehen relativ wenige Patentabläufe bevor und gleichzeitig bieten Neuentwicklungen wie das Krebsmittel Nexavar und das Thrombosemittel Xarelto relativ hohe Wachstumschancen. Einen Rückschlag musste das Unternehmen allerdings jetzt hinnehmen: Es hat in Amerika den Patentschutz für das Verhütungsmittel Yasmin (in Deutschland Yasminelle) verloren. Yasmin ist das wichtigste und am schnellsten wachsende Produkt der Bayer-Pharmasparte Bayer Schering. Allein in den Vereinigten Staaten lag der Jahresumsatz zuletzt bei 321 Millionen Euro. Die Kunststoffsparte (Tochter Bayer Material Science) hat mit einem schwierigen Marktumfeld zu kämpfen und rechnet daher 2008 mit einer geringeren Marge.

Fazit

BASF setzt also auf die Chemiestrategie, Bayer auf die Pharmastrategie. Doch während es BASF längst an die Weltspitze der Chemiebranche geschafft hat, konnte sich Bayer bisher noch keinen Platz unter den Top Ten der Pharmabranche erarbeiten.

Fallbeispiele

- Im laufenden Jahr unternimmt BASF erstmals einen Ausflug in die russische Chemieproduktion. Mit Solvin, einem Gemeinschaftsunternehmen von BASF und dem belgischen Solvay-Konzern, und dem russischen Energiekonzern Gasprom wird eine Fabrik zur Herstellung von PVC in der Region Nischnij Nowgorod errichtet. Die neue Fabrik kostet 650 Millionen Euro und soll eine jährliche Kapazität von 300 000 Tonnen PVC haben. (9)
- Ins russische Erdgasgeschäft ist BASF bereits im vergangenen Jahr eingestiegen. Rund 1,4 Milliarden Euro hat BASF in das russische Erdgasfeld Juschno Russkoje investiert und damit eine 35-prozentige Beteiligung erworben. Ab 2009 soll das Projekt seinen Return-on-invest liefern und einen Nettogewinn von 123 Millionen Euro erzielen. Das soll die Erträge der BASF-Sparte Öl und Gas dann deutlich aufbessern, sie liegen derzeit bei recht mageren drei Milliarden Euro. (7)
- Die Pflanzenforschung in China wird ausgebaut. Die Biotech-Sparte des Chemiekonzerns BASF und das chinesische National Institute of Biological Sciences (NIBS) haben eine Zusammenarbeit und eine Lizenzvereinbarung beschlossen. Schwerpunkt ist die Ertragssteigerung bei Nutzpflanzen wie Mais, Soja und Reis. (10)

- Vor wenigen Tagen wurde gemeldet, dass Bayer Health Care das OTC-Geschäft der amerikanischen Sagmel Inc. übernimmt. Sagmel verkauft Schmerzmittel, Schleimlöser, ein Hämorrhoidenmittel sowie Nahrungsergänzungsmittel. Das Unternehmen betreibt sein Geschäft vor allem in den Staaten der ehemaligen Sowjetunion. Mit der Übernahme will Bayer gemeinsam mit den dort bereits am Markt etablierten Marken wie Aspirin, Alka Seltzer oder Rennie seine Position in Osteuropa ausbauen.
- Bayer muss einem Lipobay-Geschädigten erstmals Schadensersatz zahlen. Im August 2001 hatte Bayer den bis dahin erfolgreichen Cholesterinsenker Lipobay vom Markt genommen. Mindestens hundert Menschen waren an Nebenwirkungen von Lipobay gestorben. Laut des Geschäftsberichts 2004 wurde Bayer in ca. 14 660 Fällen verklagt (davon 14 550 in den USA). Bisher hat Bayer offiziell keine Schuld anerkannt und kam Verurteilungen durch Vergleiche und Entschädigungszahlungen entgegen. Insgesamt hat der Konzern mehr als eine Milliarde Euro gezahlt. (11)

Zahlen & Fakten

BASF und Bayer in Zahlen 2007

Unternehmen	BASF SE	Veränderung gegenüber Vorjahr	Bayer AG	Veränderung gegenüber Vorjahr
Sitz	Ludwigshafen		Leverkusen	
Vorstandsvorsitzender	Dr. Jürgen Hambrecht		Werner Wenning	
Umsatz	58 Mrd. Euro	(+10%)	32,4 Mrd. Euro	(+12%)
Nettogewinn	4,1 Mrd. Euro	(+25%)	3,1 Mrd. Euro	(+33%)
Betriebsgewinn	7,3 Mrd. Euro	(+8%)	4,3 Mrd. Euro	(+23%)
Mitarbeiter	95.247		106.200	

Quelle: Unternehmensangaben

Entnommen aus: www.basf.de, www.bayer.de

Weiterführende Literatur

(1) Bayer überholt BASF
aus Handelsblatt Nr. 034 vom 18.02.08 Seite 11

(2) BASF richtet Geschäft stärker auf Kunden aus
aus Handelsblatt Nr. 237 vom 07.12.07 Seite 21

(3) BASF wächst und wächst
aus Handelsblatt Nr. 038 vom 22.02.08 Seite 15

(4) BASF-Chef lässt sich für 2008 nicht entmutigen
aus Frankfurter Allgemeine Zeitung, 09.02.2008, Nr. 34, S. 15

(5) Chemische Reaktion Steigende Umsätze, sprudelnde Gewinne: BASF-Chef Jürgen Hambrecht

ist auf dem Höhepunkt seiner Macht. Doch jetzt erwacht Kritik am Vorzeigemanager der deutschen Industrie. Mit seiner kompromisslosen Art verprellt er Mitarbeiter und Minister
aus Financial Times Deutschland vom 17.01.2008, Seite 23

(6) BASF schafft Marktplatz der Innovationen
aus Frankfurter Allgemeine Zeitung, 07.12.2007, Nr. 285, S. 16

(7) Bayer-Rekordjahr stellt Börse nicht zufrieden
aus Frankfurter Allgemeine Zeitung, 29.02.2008, Nr. 51, S. 14

(8) Bayers Rekordzahlen enttäuschen
aus Handelsblatt Nr. 043 vom 29.02.08 Seite 11

(9) BASF beteiligt sich in Russland
aus Frankfurter Allgemeine Zeitung, 19.02.2008, Nr. 42, S. 16

(10) BASF verstärkt Pflanzenforschung in China
aus Frankfurter Allgemeine Zeitung, 26.01.2008, Nr. 22, S. 19

(11) Bittere Pille: BAYER muss wegen Lipobay Schadensersatz zahlen
aus www.LifeGen.de, 15.02.2008

Impressum

BASF und Bayer - Chemiegefährten auf getrennten strategischen Wegen

Bibliografische Information der deutschen Nationalbibliothek

Die Deutsche Nationalbibliothek verzeichnet diese Publikation in der deutschen Nationalbibliografie; detaillierte bibliografische Daten sind im Internet über http://dnb.d-nb.de abrufbar.

ISBN: 978-3-7379-2241-8

© 2015 GBI-Genios Deutsche Wirtschaftsdatenbank GmbH, Freischützstraße 96, 81927 München, www.genios.de

Alle Rechte vorbehalten. Dieses Werk ist einschließlich aller seiner Teile – z.B. Texte, Tabellen und Grafiken - urheberrechtlich geschützt. Jede Verwertung außerhalb der Grenzen des Urheberrechtsgesetzes bedarf der vorherigen Zustimmung des Verlags. Dies gilt insbesondere auch für auszugsweise Nachdrucke, fotomechanische

Vervielfältigungen (Fotokopie/Mikroskopie), Übersetzungen, Auswertungen durch Datenbanken oder ähnliche Einrichtungen und die Einspeicherung und Verarbeitung in elektronischen Systemen.